Adorno
&
a arte contemporânea

Coleção **PASSO-A-PASSO**

CIÊNCIAS SOCIAIS PASSO-A-PASSO
Direção: Celso Castro

FILOSOFIA PASSO-A-PASSO
Direção: Denis L. Rosenfield

PSICANÁLISE PASSO-A-PASSO
Direção: Marco Antonio Coutinho Jorge

Ver lista de títulos no final do volume

Verlaine Freitas

Adorno & a arte contemporânea

ZAHAR

Capa
Sérgio Campante

CIP-Brasil. Catalogação na fonte
Sindicato Nacional dos Editores de Livros, RJ

Freitas, Verlaine, 1967
F936a Adorno & a arte contemporânea / Verlaine Freitas — Rio de Janeiro: Zahar, 2003.
(Filosofia passo-a-passo)

Inclui bibliografia
ISBN 978-85-7110-703-8

1. Adorno, Theodor W., 1903-1969 — Estética. 2. Estética. 3. Arte — Filosofia. I. Título. II. Série.

CDD: 701.17
03-2561 CDU: 7.01

EDITORA SCHWARCZ S.A.
Praça Floriano, 19, sala 3001 — Cinelândia
20031-050 — Rio de Janeiro — RJ
Telefone: (21) 3993-7510
www.companhiadasletras.com.br
www.blogdacompanhia.com.br
facebook.com/editorazahar
instagram.com/editorazahar
twitter.com/editorazahar

FSC
www.fsc.org
MISTO
Apoiando o manejo florestal responsável
FSC® C128038

A marca FSC® é a garantia de que a madeira utilizada na fabricação do papel deste livro provém de florestas que foram gerenciadas de maneira ambientalmente correta, socialmente justa e economicamente viável, além de outras fontes de origem controlada.

Esta obra foi composta por TopTextos Edições Gráficas em Minion e Frutiger e impressa em processo sob demanda pela Um Livro sobre papel offset para a Editora Schwarcz a partir de 2024

Sumário

A estética na vida e na obra de Adorno

Theodor Ludwig Wiesengrund-Adorno, nascido em 11 de setembro de 1903 em Frankfurt, na Alemanha, não foi apenas filósofo, mas também sociólogo, musicólogo e compositor. Conta-se que já com 14 anos começara a ler a *Crítica da razão pura* juntamente com Siegfried Kracauer, que se tornaria um importante crítico de cinema. Com 16 anos, começou a freqüentar o conservatório em Frankfurt e a ter aulas de composição. Aos 21 anos conseguiu sua promoção em filosofia com um trabalho sobre a fenomenologia de Husserl. Como membro do Instituto de Pesquisa Social, desenvolveu, juntamente com seus colegas da Escola de Frankfurt, diversos trabalhos de pesquisa sociológica, sendo o mais famoso deles o que resultou no livro *A personalidade autoritária*. Muito do que veremos da teoria adorniana da arte contemporânea parece refletir esse percurso do artista e do intelectual, que transitava de modo bastante fluente entre a teoria filosófica e científica, por um lado, e a produção musical, por outro.

De todas as artes, Adorno dedicou especial importância à música, seja como compositor e instrumentista, seja como teórico, indo da crítica de obras e autores específicos, passando pela teoria da composição musical, até a sociologia e filosofia da música. Essa intimidade com o fazer artístico reflete-se de modo bastante claro nas idéias estéticas que Adorno apregoa. A arte não é, para ele, apenas uma questão teórica a mais, no meio daquelas consagradas pela tradição sociológica e filosófica. Podemos dizer que toda a sua produção intelectual acaba absorvendo o significado de vida que ele experimentava com a música. Diferentemente de outros grandes filósofos — que também deram um significado especial para as questões estéticas, como Kant e Hegel —, Adorno falava de um ponto de vista que pode ser pensado como resultante de sua intimidade com o processo de criação e de apreciação erudita da arte. Diante desse cenário, devemos optar, ao falar da relação de Adorno com a arte, entre diversas possibilidades de abordagem, de acordo com a respectiva forma como o autor o fez. Para que possamos fornecer um panorama o mais abrangente e sintética possível de sua visão sobre a arte, que não incluía apenas a música, mas também a literatura e o teatro, vamos usar como referenciais teóricos principais a *Filosofia da nova música*, *Notas sobre literatura* e principalmente sua última grande obra, que ficou inacabada devido à sua morte repentina, a *Teoria estética*, escrita por sugestão de seu amigo Suhrkamp, em que condensa todas as suas idéias estéticas. Essa abordagem nos leva, assim, a fornecer uma visão do pensamento *filosófico* de Adorno em relação à arte, o que possui a vantagem de se referir não apenas à música ou à literatura, mas a todas as formas artísticas, e, no que concerne à *Teoria estética*, diz respeito ao período final da obra do filósofo, em que suas idéias sobre a arte moderna já estavam totalmente amadurecidas.

De todos os ramos da filosofia, a estética é aquele que parece possuir o menor grau de uniformidade entre os autores, oscilando entre a dignificação da beleza natural ou artística, entre o aspecto conceitual ou sensível, entre uma metafísica do belo ou relação empírica do gosto, entre uma abordagem abstrata, geral, e a crítica de obras determinadas etc. Apesar de toda essa oscilação, vemos que a reflexão filosófica sobre a arte mereceu um lugar de destaque na obra de pensadores muito importantes, entre os quais se podem citar Aristóteles, Kant, Schelling, Hegel, Nietzsche, Heidegger, Lucáks e Benjamin. Em todos eles a arte possui um status especial, pois diz de uma experiência que sempre é referida como bastante importante, e cuja característica principal é a de que se furta a uma conceitualização total de seu significado. Esse aspecto a um só tempo enigmático e significativo da arte propiciou aos filósofos vários elementos teóricos capazes de fornecer um paradigma *sui generis* para a vida humana, desde o âmbito mais imediato da experiência sensível até a construção de sistemas filosóficos bastante abstratos.

Adorno compartilha dessa importância conferida à experiência estética, que se reflete até mesmo no modo de escrita filosófica que adotou desde suas primeiras obras: o ensaio. Esse valor, entretanto, possui uma característica que a maioria dos outros filósofos não pensava ser própria da obra de arte, que é sua inserção na crítica da cultura, da sociedade capitalista, da razão científica, da cultura de massa e de diversas outras esferas da vida contemporânea. O pensamento teórico de Adorno, tanto sociológico quanto filosófico, nutre-se do espírito crítico da Escola de Frankfurt, que ele ajudou a fundar e a estruturar, juntamente com Horkheimer, Benjamin, Marcuse e outros. Apesar das diferenças entre eles, o projeto de uma *teoria crítica*, de um pensamento que não seja puramente abstrato, preocupado não apenas com a ordenação científica da realidade, mas também com os fins a que a razão se dirige, tornou-se o fio condutor das obras desses filósofos. Nesse horizonte teórico, a arte possui uma dimensão crítica bastante valiosa, que pode ser vista, segundo Adorno, de modo evidente e enfático na modernidade, devido, entre outras coisas, à radicalidade com que esta se estabelece.

Desse modo, a estética adorniana somente pode ser bem compreendida se a colocarmos no horizonte daquilo que é criticado pela arte. Podemos dizer, com certo exagero, que cada linha dos textos estéticos de Adorno somente tem seu sentido assegurado na medida em que é lida com base em sua crítica da sociedade capitalista.

Nossa tarefa será, então, fornecer, inicialmente, a base teórica com que Adorno procurava construir uma crítica filosófica consistente do estado de coisas da contemporaneidade, mostrando como a reflexão estética é um dos elementos fundamentais para completar esse edifício crítico do pensamento. A partir daí, vejamos como Adorno concebeu a importância da arte moderna para delinear teoricamente a força de um pensamento inconformista, que se preocupa com a tarefa de vincular de forma explícita a apreciação arguta da dimensão empírica atual, da realidade experimentada por todos nós no dia-a-dia, com a certeza de que um mundo verdadeiramente humano pode ser construído, e que não é possível negligenciá-lo quando se pretende pensar o que seja verdadeiro sobre a realidade.

A crítica cultural

A trajetória do esclarecimento. A obra de Adorno *Dialética do esclarecimento*, escrita em conjunto com Horkheimer, é a mais representativa dos princípios gerais da crítica à racionalidade contemporânea que se instaura na indústria, na ciência, na organização política, moral etc. Nesse livro, os autores propõem-se a fazer uma análise bastante contundente do estado de coisas do capitalismo avançado, mostrando que o movimento do nazi-fascismo não é algo periférico ao processo de modernização burguesa da cultura, tendo antes a ver com seus princípios mais substanciais. Adorno e Horkheimer falam do processo de racionalização da cultura ocidental, que em português normalmente se denomina *iluminismo*, como sendo um processo de *esclarecimento* pela razão, o qual não coincide com o período das luzes do século XVIII, mas remonta a épocas bastante antigas.

Não apenas a ciência moderna e as técnicas industriais são testemunho desse processo, que é qualificado como uma saída da obscuridade religiosa, da superstição e do medo, pois o próprio mito antigo, do qual a razão sempre quis escapar, já é um processo de racionalização do modo como os homens se colocam perante as forças naturais. O pensamento mitológico também tem como finalidade dominar a natureza que parece assustadora e incompreensível. A magia já pode ser considerada uma forma de *técnica* para estabelecer uma relação favorável com os deuses, mas com a importante diferença de que isso é feito através de imagens, símbolos, gestos, cantos, que mostram que a relação entre os homens e os deuses não é mediada pela abstração conceitual, mas pela proximidade imagética, simbólica; o que configura aquilo que podemos denominar de *mímesis*. De modo semelhante a como a criança imita as ações das pessoas para compreender o que elas significam, o conhecimento mimético se estabelece através da representação pela imagem, pela *proximidade* com que os fenômenos naturais são representados em um símbolo. Esse tipo de comportamento estabelece uma relação *particular* entre quem conhece e o que é conhecido, pois se baseia em elementos concretos, visuais, auditivos, em suma, corporais. Não se usa, ainda, o poder de abstração do conceito para entender os mecanismos com que a natureza opera. Mas essa construção não tem apenas o sentido de um conhecimento usado para dominar a natureza, pois se trata de uma forma de estabelecer uma hierarquia entre os homens, entre aqueles que detêm o poder, estando próximos aos deuses, e todos os outros que estão excluídos.

A concepção mítica do mundo tem uma característica bastante marcante, que é a eterna remissão de todo ser e todo acontecer à origem mágica e ancestral. Qualquer coisa somente faz sentido e somente pode ser explicada pelo fato de que se conhece, a partir de uma narrativa sagrada, qual poder sobrenatural foi capaz de gerá-la em um tempo que não mais existe. Além disso, o *destino* de tudo já está dado nesse mesmo mito da origem, de tal forma que o mundo acaba sempre sendo percebido como uma repetição infinita de si próprio. Nada absolutamente novo existe, pois se isso fosse possível, o mito perderia sua validade, seu poder de conhecimento, o que está excluído de antemão nessas civilizações. O entrelaçamento da força mágica da origem com as coisas profanas é extremamente forte.

O mito *grego* é uma forma de pensamento em que a abstração da esfera divina frente à natureza já começa a ocorrer de forma substancial. Nele os deuses simplesmente *representam* as forças naturais, pois são apenas pensados, funcionam como se fossem meras alegorias, não sendo vividos como poderes imanentes à própria natureza. Se compararmos o deus Apolo, que na Grécia é concebido como a divindade que comanda e guia o sol, com o deus Rá, no Egito, veremos que o primeiro se distancia do astro que vemos no céu, pois o representa, numa relação comandante/comandado, ao passo que a divindade egípcia acaba sendo identificada com o próprio sol, congregando em si a força mágica que o astro possui.

Essa abstração propiciou a oportunidade de os gregos colocarem as idéias de *essência* no lugar da esfera divina, e de *aparência* no lugar da natureza. Desse modo, a filosofia pré-socrática, com suas doutrinas da constituição do universo a partir da terra, água, ar e fogo, configura-se como uma *racionalização* do mito. A abstração da metafísica grega acentua essa diferença entre a esfera do puramente pensado e a do vivido. A separação do âmbito das idéias em relação ao mundo sensível, proposta por Platão, seria testemunho da mesma separação, da mesma abstração presente nas relações sociais, em que apenas os homens livres podem compartilhar do poder, excluindo-se as mulheres, os escravos, os estrangeiros, as crianças e os adolescentes.

Podemos dizer que a racionalização ocidental, o esclarecimento, começa quando o espírito se separa da natureza para dominá-la. Mas o que é separado do espírito não é apenas a natureza externa, mas também a do próprio corpo, interna. As civilizações antigas ou as que não foram influenciadas pelo pensamento grego não possuíam uma consciência muito clara da diferença entre o pensamento, com seu caráter abstrato, e aquilo que é percebido concretamente como sentimento e sensações corporais. Foi a razão ocidental que instruiu os homens a dominarem e reprimirem seus desejos de tal modo a poderem cada vez mais contribuir, com seu trabalho e dedicação, para construir a cultura e as riquezas que ela é capaz de gerar. Ao mesmo tempo em que contribuía para a formação da cultura, cada um pôde, nesse processo de domínio de sua corporeidade, de seus sentimentos, de seus desejos, formar um *ego* enrijecido, que transformou cada um em *indivíduo*, consciente de sua própria pessoa — o que não podia ser percebido nas sociedades tradicionais, em que os sentimentos de coletividade e de inserção no todo cósmico e social eram muito mais preponderantes do que o da diferença entre cada um.

A ciência moderna, com sua ânsia de traduzir o maior número possível de eventos naturais em relações numéricas, lógicas, acabou caminhando mais ainda nesse processo de abstração entre aquilo que se pensa e a realidade vivida pelos homens. Por mais que a ciência critique a metafísica, ela própria é um pensamento bastante distanciado da realidade humana, com suas fórmulas numéricas que não espelham nada daquilo que os homens podem experimentar em sua corporeidade, em sua moral, em suas relações interpessoais. Desse modo, ela acaba sendo mais metafísica do que a própria metafísica, pois os sistemas gregos pelo menos espelhavam, na idéia do bem, por exemplo, uma exigência ética que abarcava todas as coisas. Nesse momento em que a razão, principalmente na interpretação positivista da ciência, preocupa-se apenas com o domínio cognitivo da realidade, de tal modo a propiciar a elaboração de tecnologias de controle dos processos naturais, tem-se aquilo que é chamado de *razão instrumental*, pois o pensamento despreocupa-se da *finalidade* com que é usado, interessando-se apenas pelos *meios* pelos quais é capaz de gerar tecnologias e valores financeiros.

Esse processo de separação do pensamento daquilo que caracteriza os fins racionais da vida humana, seu bem-estar, sua corporeidade, sua relação afetiva com os outros, não é apenas uma característica da ciência moderna, pois ocorre de forma substancial no sistema capitalista como um todo, que emerge de forma clara no mesmo período. A relação entre as pessoas, ao se inserirem nesse sistema, é caracterizada primordialmente pela *lei de troca*, pois todas as coisas podem ser avaliadas por sua relação numérica e pela capacidade de uma substituir a outra. No trabalho capitalista, o que vale é, mais propriamente, a força de trabalho genérica, medida apenas pelo tempo gasto na fábrica, no escritório, no banco, e que abstrai das características pessoais de cada indivíduo, fazendo com que virtualmente todos possam ser substituídos por qualquer outro, desde que exerça a mesma função. Esse vasto sistema acabou resultando, então, no controle total dos movimentos sociais e individuais em seu interior, exemplificado de forma gritante nos regimes totalitários de Hitler e Mussolini, e nas ditaduras latino-americanas. Apesar de as sociedades hoje em dia não mais viverem de forma tão violenta esse processo de totalização política, pode-se dizer que nas democracias ocidentais ainda vigora muito do que é próprio desses regimes, configurando aquilo que Adorno chamou de *mundo administrado*. Isso pode ser percebido claramente na formação de grandes monopólios da indústria, do comércio e da prestação de serviços em todo o mundo, com a conseqüente acumulação de capital e de poder decisório pelas grandes organizações financeiras, como o FMI e o Bird.

Em cada uma dessas etapas de desenvolvimento e consolidação do esclarecimento racional no ocidente, vemos que muito da relação dos homens com as potências divinas continuou a existir, com a sua respectiva hierarquia, dividida entre aqueles que detêm uma proximidade com os deuses e aqueles que nada podem fazer. Essa separação entre os poderosos de um lado e os oprimidos de outro, conseguida através do acúmulo de saber e da tecnologia dele derivada, está presente no mito e nas formas de conhecimento ditas racionais. Além disso, aquela eterna repetição mítica do mundo a partir daquilo que se conhece na narrativa sagrada está presente nos processos infinitamente antecipáveis através das leis matemáticas. Da mesma forma que no mito, não há espaço para o novo na plena matematização da natureza nas leis da física. Se algo escapa a alguma fórmula matemática, esta deve ser refeita de tal maneira que consiga englobar todos os casos que parecem exceção à regra.

Assim, podemos dizer que não só o mito já é esclarecimento, como este regride sempre à mitologia. Essa regressão, entretanto, estendeu-se também a um âmbito que parecia imune às investidas do capitalismo: a esfera dos bens culturais, mais propriamente o âmbito artístico. Quando isso ocorre, temos aquilo que conhecemos por cultura de massa, que é o que veremos a seguir.

A indústria cultural. Para designar esse âmbito da racionalização ocidental, Adorno e Horkheimer preferiram usar a expressão "indústria cultural", para evitar a confusão com uma arte que surgisse espontaneamente no meio popular, que é algo bastante diferente. O que essa atividade capitalista efetivamente quer é uma produção em série de bens culturais para satisfazer de forma ilusória necessidades geradas pela estrutura de trabalho e também para manter a carência por novos produtos. O que se estabelece é um grande sistema em que as pessoas são constantemente enganadas em relação àquilo de que necessitam. Os produtos fornecidos pelos meios de comunicação de massa passam a idéia de que as necessidades que eles satisfazem são legítimas, próprias dos seres humanos como seres livres, que podem exercer seu poder de escolha, quando, na verdade, todas as opções são sempre pensadas a partir de um princípio que torna todas as alternativas idênticas, pois todas acabam sendo meramente mais uma oportunidade de exercer o poder de compra.

Das necessidades geradas pelo sistema capitalista, existe uma que abrange significativamente todas as outras. Sabemos que as jornadas de trabalho em um escritório, na fábrica, nas escolas, nas oficinas, nas tarefas do lar etc., são sempre motivo de esgotamento físico e emocional em vários graus. Para que possamos exercer todas essas funções de forma adequada àquilo que o sistema espera de nós, muito de nossos desejos deve ser postergado, adiado, ou seja, reprimido. Por mais que se tenha um sentimento de realização pessoal através de dinheiro e de status, a satisfação em ser si mesmo é constantemente minada. Aquilo de que as pessoas carecem, devido ao cansaço gerado pelo trabalho no capitalismo, é o *reforço* de sua própria identidade, a satisfação de ter um eu engrandecido, forte, valorizado. Do mesmo modo que Narciso, o personagem da mitologia grega, apaixonou-se por sua própria imagem numa lagoa, os indivíduos do capitalismo contemporâneo também precisam de um espelho em que possam recobrar o amor por sua própria imagem, tão comprometido pelo esforço de continuar a gerar valores financeiros. É por causa disso que Adorno diz que a cultura de massa como um todo é *narcisista*, pois ela vende a seus consumidores a satisfação *manipulada* de se sentirem representados nas telas do cinema e da televisão, nas músicas e nos vários espetáculos. Todos os heróis da indústria cultural são sempre pensados para refletir algo do que as pessoas já percebem em si mesmas, só que engrandecido pela elaboração dos meios técnicos cada vez mais refinados da indústria da diversão. Isso explica o sucesso dos programas de televisão atuais conhecidos como *reality-shows*, nos quais o espetáculo consiste em comportamentos e reações absolutamente triviais, idênticos às atitudes mesquinhas que cada espectador pode experimentar em sua vida cotidiana.

O prazer da experiência que a indústria cultural proporciona a seus consumidores é o de que o mundo continue como ele é. Ela *vende* constantemente a imagem estereotipada do que é bom, mal, traiçoeiro, feminino, masculino etc. Fica-se acostumado a somente entender o que já se encaixa no modelo previamente estabelecido nesses estereótipos. É preciso facilitar a assimilação da mensagem pelas pessoas, e tudo aquilo que coloca algum desafio para o espectador somente ocorre ao se fomentar sua habilidade e destreza de passar de um plano a outro, tentando identificar cada um dos personagens e a série de aventuras e relacionamentos amorosos e hostis entre eles. O modelo básico da receptividade da indústria cultural é o do videogame, que dá aos adolescentes e às crianças o prazer de percepções esquematizadas previamente pelo autor do jogo. Essa atitude é muito semelhante à requerida no trabalho, que normalmente é monótono, repetitivo, sem criatividade, impessoal. Por causa disso, Adorno diz que a indústria cultural recalca, reprime, a imaginação, fazendo as pessoas terem a satisfação de anular sua capacidade criativa, que sempre envolve o prazer pelo esforço, pela atividade mental.

Essa integração facilitada entre o universo das obras da cultura de massa e seus apreciadores tem uma motivação bastante bem delimitada, que é a inserção de todos os indivíduos na sociedade de consumo. Uma maneira de as pessoas perceberem a si próprias como fazendo parte de uma totalidade, da qual não querem se sentir totalmente isoladas, é comprando o disco, adquirindo o bilhete da entrada do cinema, mas também colecionando vários elementos que "gravitam" em torno das obras, como camisetas, chaveiros, sapatos, revistas, pôsteres e uma infinidade de produtos que funcionam como uma espécie de pequenos ídolos que ligam a vivência particular das pessoas ao significado social, coletivo das obras.

Uma vez que a religião não consegue estabelecer um vínculo vivencial coletivo tão disseminado e forte quanto há algumas décadas, a cultura de massa veio cumprir essa função. Ambas têm em comum o fato de que o indivíduo, percebendo o sofrimento de sua luta particular frente à pressão social esmagadora, tenta encontrar um *sentido* para a sua vida mesquinha, desprovida de satisfação social clara. Os vários programas de televisão em que se escolhem pessoas para participar de competições e todas as espécies de jogo, como as loterias, são uma parte essencial da indústria cultural, criando na mente de cada um dos consumidores a ilusão constante da esperança de ser agraciado com um prêmio, que funciona como uma espécie de reconhecimento divino pelo mérito que ele percebe em si mesmo, devido a seu esforço obstinado em perseverar em sua existência. Ora, considerando a soma dos milhões de indivíduos que participam em cada um desses sorteios, a quantidade daqueles que são premiados é socialmente irrelevante, de tal forma que a indústria cultural acaba funcionando como um enorme mito da felicidade a ser alcançada, mas que somente é conseguida de forma ilusória no consumo e na expectativa sempre frustrada da realização total sem esforço.

Considerando a quase onipresença da cultura de massa na contemporaneidade, muito se perguntou se ainda faz sentido o conceito de uma arte autônoma, que se diferencia substancialmente daquela. Será que ainda é possível estabelecer, pelo menos em termos conceituais, uma diferença clara entre arte e cultura de massa? Haveria algum significado propriamente filosófico nessa distinção? Como pensar aquelas obras que parecem casos-limite desses dois tipos de produção cultural? A filosofia da arte de Adorno propõe-se precisamente a refletir sobre estas e outras questões.

A tarefa da estética. O objetivo fundamental da filosofia em relação à arte, para Adorno, é o de apreender seu conteúdo de verdade. É necessário conceber seu caráter crítico em relação a todo esse estado de coisas que descrevemos anteriormente, cuja característica funesta é a de *falsificar* uma concepção do ser humano que o tome como capaz de determinar a si mesmo como ser vivente, cujo valor não resida em sua adequação funcional ao sistema social, político, econômico e cultural. Mesmo que não houvesse mais obras de arte em sentido estrito, se todas elas se mesclassem aos produtos consumíveis da indústria cultural, mesmo assim seu conceito não perderia a validade, pois ele tem seu valor abalizado por aquelas obras que a modernidade nos legou até hoje. A produção de Monet, Baudelaire, Picasso, Schönberg, Van Gogh, Paul Klee, Proust, Samuel Beckett e tantos outros são testemunhas enfáticas daquilo que se pensa no *conceito* de arte contemporânea. A estética, assim, deve refletir sobre a *possibilidade de existência* da arte, algo que não está garantido de antemão, devido precisamente à voracidade com que o espírito capitalista permeia todas as produções do espírito humano. Se a arte precisasse, para poder existir, de vender-se ao espírito capitalista, paradoxalmente seria preferível que ela desaparecesse, por amor à própria arte.

A estética de Adorno tem como motivação primordial mostrar em que consiste a experiência estética fornecida pelas *obras de arte contemporâneas*. Para isso, é necessário dizer como a arte é constituída a partir de uma gama enorme de elementos, delineados por vários conceitos, como os de forma, material, conteúdo, sociedade, sentido, linguagem, estilo, mímesis, racionalidade, construção e muitos outros. Alguns deles falam de extratos da experiência que não é propriamente estética, mas que são partes constitutivas dela. Não é possível um contato com a arte absolutamente purificado das interferências daquilo que não é artístico, ou seja, moral, religioso, econômico etc., mas, por outro lado, isso não significa que a nossa tarefa de conceber a *especificidade* da experiência estética contemporânea não possa ser tentada ou não tenha sentido. A grandiosidade da tarefa filosófica adorniana consiste exatamente no fato de que ela não quer se render nem à sedução de abandonar a autonomia do conceito de obra de arte, nem perseverar na obstinação de uma arte absolutamente desconectada do mundo real. O fio condutor de toda a nossa análise do pensamento adorniano consiste na tentativa de buscar essa imbricação entre a autonomia do conceito de arte moderna e sua relação com os elementos não-estéticos que o compõem.

A arte contemporânea

Arte e sociedade. Uma das qualificações de nosso juízo sobre algo belo, segundo Kant, é o fato de que percebemos na forma do objeto uma finalidade, sem que possamos determinar conceitualmente qual é o fim específico subjacente a ela. Essa idéia de uma finalidade sem fim foi apropriada por Adorno ao falar do papel social da arte moderna. Diferente da arte grega, medieval, renascentista, barroca e clássica, a arte contemporânea perdeu uma função específica, vinculada a valores de uma determinada classe social ou a valores éticos e religiosos. O desenvolvimento do mercado acabou favorecendo a dispersão dos fins a que a arte poderia servir, trocando a figura de um mecenas pelo *anonimato* das relações do mercado. Desse modo, a arte moderna foi sempre uma arte burguesa, nutrindo-se do vínculo difuso que a obra possui com aquele que vai adquiri-la. A modernidade artística, entretanto, foi mais longe, recusando toda e qualquer função preestabelecida para as obras. Ao contrário da indústria cultural, a arte contemporânea não tem uma função de divertimento. A *seriedade* do prazer artístico faz com que ele seja qualitativamente diferente do que se experimenta nos meios de comunicação de massa.

A arte contemporânea pode ser qualificada como, em princípio, anti-social, desprezando normas e preceitos de estruturação preconcebidos, rejeitando modelos éticos, políticos, religiosos que possam determinar previamente sua forma. Esse fechamento da obra perante a expectativa social fornece-lhe um caráter *fetichista*, de algo que se situa muito acima da vivência dos homens em seu cotidiano. De fato, muito da recusa em relação à arte moderna reside claramente nesse hermetismo com que a arte vira as costas para toda tentativa de inseri-la em parâmetros socialmente aceitáveis. Essa característica pôde ser facilmente apropriada pela doutrina da arte pela arte — a famosa *l'art pour l'art*, em francês —, que pretende afirmar a absoluta autonomia da arte, negando todo e qualquer conteúdo social para ela.

Adorno diz que este caráter fetichista é necessário, uma vez que o contrário dele, a relação para um outro, é próprio das *mercadorias*, que são medidas e avaliadas em função de seu valor econômico, político e social em geral. As obras de arte contemporâneas, em sua exigência de *autonomia*, criticam essa relação venal das coisas na realidade capitalista. É como se elas dissessem que nem tudo no mundo vale na medida em que se conforma a uma função preestabelecida. Ela parece nos dizer que seu significado pode ser construído a partir dela mesma, da relação que nós estabelecemos na *singularidade* da experiência de sua contemplação, sem que precisemos colocá-la como meio para um outro tipo de prazer.

Paradoxalmente, Adorno recusa a idéia da arte pela arte, dizendo que ela esteriliza o potencial crítico da arte. Esta possui, sim, um vínculo forte com a sociedade, mas que não se estabelece pela sua funcionalidade social, e sim devido ao fato de que a dinâmica histórica da relação entre os homens, expressa em suas relações de trabalho, nas forças produtivas como um todo, reflete-se nos problemas inerentes das *formas* da arte contemporânea. Adorno diz que o conteúdo social *sedimenta-se* na forma da obra de arte. Para citar um exemplo, podemos dizer que o processo de individualização ocorrido no século XX, que resultou na constituição de sociedades fortemente marcadas pela negação de vínculos tradicionais, bem afim ao espírito individualista da concorrência empresarial, parece refletir-se na emergência da pintura abstrata, na criação da música atonal e na negação de um narrador onisciente na literatura. É como se a perda de referência coletiva para os indivíduos fosse transposta para a obra de arte como um princípio formal de constituição das próprias obras. Assim, podemos ver que a arte, ao virar as costas para uma possível inserção nos quadros de uma sociabilidade imediata, acaba alcançando um conteúdo social em segunda potência. Uma das tarefas da estética consiste nesse processo de reflexão sobre como cada obra, um tanto à maneira da mônada de Leibniz, reflete o todo social sem possuir janelas para ele.

A arte, desse modo, afasta-se da sociedade para dela falar de modo crítico e mais verdadeiro. Entretanto, essa proximidade não é algo pacífico e seguro, pois o isolamento da arte acaba atribuindo-lhe uma dimensão *ideológica*, pois deixa a realidade como está. O engajamento político da arte, na quase totalidade das vezes, é realizado à custa de sua dimensão artística propriamente dita. Assim, a arte precisa correr o risco do isolamento total, se pretende ter validade como uma forma de relação com o mundo *sui generis*. A dimensão social da arte é então altamente aporética, ou seja, sem saída. Não há como estabelecer uma norma para dizer se a arte consegue firmar esse vínculo coletivo em segundo grau ou se ela se perde em um isolamento insignificante. Somente a análise crítica das obras é capaz de detectar se sua realização foi bem-sucedida, de tal modo que ela contenha uma dimensão social.

Como vemos, o processo de aquisição de um conteúdo universal estético é alcançado pela extrema individuação, devido ao fato de que a arte moderna recusa uma comunicação social direta, para alcançar uma outra, por assim dizer *sublimada*. A dimensão coletiva da arte, então, relaciona-se com o traço de universalidade da experiência que cada um pode ter com ela. O caráter único da construção da obra, sua falta de determinação social imediata, parece ser uma *radicalização* da estrutura funcional a que todas as pessoas estão submetidas no sistema capitalista. Esse processo consiste em fazer com que todo o trabalho, que na realidade do mercado somente é medido por sua funcionalidade externa, seja absorvido pela unidade da obra, que na sua suprema falta de utilidade acaba possuindo seu valor em si e para si mesma. Esse caráter extremamente individualizado da obra, mas cujo conteúdo é a universalidade social, parece refletir algo que cada um de nós possui como sua determinação mais verdadeira, que acaba sendo falsificado pelas relações alienantes do trabalho. Mas essa verdade não diz respeito apenas ao prazer, à satisfação de possuir uma individualidade, visto que esta é pensada e sentida como separação do universal — o que é sinônimo de *dor* e que a arte procura exprimir.

Arte como linguagem do sofrimento. Qualquer um que reflita sobre a arte diria que ela tem que proporcionar *prazer*, pois, caso contrário, não teria sentido a sua existência. Adorno concorda com isso, mas ressalva que é preciso saber que espécie de prazer é esse. Definitivamente, não é o da diversão, do relaxamento, da descontração, fornecido pela indústria cultural. Esta, como vimos, é feita para aquele consumidor que se sente desgastado, tanto física quanto psiquicamente, no cotidiano, e que precisa de estímulos sensíveis que o façam recobrar a satisfação por sua identidade. A arte, de modo radicalmente oposto, exprime o sofrimento inerente à condição dos seres humanos, cindidos uns dos outros e em si mesmos.

Cada ser humano, para ingressar na cultura, precisa aprender a *reprimir* uma parte maior ou menor de seus desejos, sonhos, ideais, e de muito daquilo que lhe é mais caro, mais valioso, cuja realização lhe traria plenos prazeres. A socialização do homem coloca para cada um a tarefa de recalcar uma grande quantidade de impulsos corporais, sensíveis, emocionais. Desse modo, o indivíduo se forma a partir de uma cisão interna bastante acentuada, que se estabelece entre sua intelectualidade, constituída por sua moral, por sua religião, pelas exigências profissionais, de um lado, e por sua corporeidade desejante, de outro.

A arte moderna constitui-se naquele veículo privilegiado de expressão do sofrimento que cada um de nós experimenta, de modo velado e reprimido, na vida cotidiana. É por isso que ela se afeiçoa especialmente com aqueles materiais que não são agradáveis, adocicados, harmoniosamente belos. Ela prefere usar os materiais que chocam nossa sensibilidade: figuras humanas distorcidas, como as *Mademoiselles d'Avignon* de Picasso; construções gramaticais sem sentido, como a poesia concreta; músicas sem melodia quase nenhuma, acordes dissonantes, não-harmoniosos, materiais orgânicos em artes plásticas, etc.

Todo esse conjunto de elementos que chocam nossa sensibilidade, nossa imaginação e nossa forma de entender a realidade toma o estatuto de algo *irracional*. Mas essa irracionalidade estética, diz Adorno, acaba sendo mais verdadeira e, portanto, mais racional do que a aparência de racionalidade que a vida cotidiana possui, que dissimula o sofrimento de todos nós, submetidos à pressão das exigências culturais. A vida no sistema capitalista consiste, então, em uma dupla irracionalidade: recalca de forma exorbitante nossos desejos e obscurece nosso olhar para tal absurdo. O prazer que a arte nos proporciona é o de descortinar este véu que paira sobre nossa individualidade concreta, reprimida e abafada pelo esforço individual de inserção na sociedade. Para que possamos sentir tal prazer, entretanto, é necessário que, de alguma forma, não estejamos totalmente inseridos nessa máquina capitalista de gerar riquezas e também tenhamos um ego forte, que não necessite das bajulações narcisistas da cultura de massa. Essa percepção subversiva da dimensão recalcada da experiência humana, que escapa à mesmice do cotidiano, aponta para um tipo de autoconhecimento que, atualmente, somente a arte pode oferecer, o que significa que a experiência estética moderna é inusitada, utópica e crítica do mundo atual.

Novo, utopia e negatividade. O prazer do novo, do que escapa ao que é sempre igual, dado pela arte não é o da ficção, da configuração de algo fantástico, como se fosse possível estabelecer positivamente uma imagem do que não existe. Mesmo no estilo da literatura denominado realismo fantástico, essa ficção é apenas um dos elementos usados para formar uma totalidade composicional que nos toca de modo radicalmente diferente em relação a nossa vivência cotidiana. O que é o novo na arte relaciona-se com a radicalidade com que ela quebra nossa vivência usual. Por causa disso, Adorno diz que o mais prejudicial à nossa compreensão da arte moderna é o fato de a igualarmos à arte tradicional, pré-moderna. Até o começo da modernidade artística, com a pintura de Manet, as obras de Baudelaire na literatura e a música de Wagner, todo movimento artístico negava aquele imediatamente anterior, como o neoclássico ao barroco e o realismo ao romantismo, mas a arte moderna nega a tradição como um todo. O movimento modernista foi sempre aquele da marcha inexorável para o novo, e todo artista que não levou isso em conta não obteve sucesso.

O novo, na arte, aponta para aquilo que não foi ainda ocupado pela cultura, o não-digerido, não-domesticado pela concepção cotidiana. O potencial crítico da arte extrai sua força exatamente desse poder de choque na relação com o novo. Isso é mais percebido pelos adversários da arte moderna, que a tomam como absurda, do que pelos seus entusiastas, cujo preconceito favorável acaba obscurecendo seu olhar para esse potencial da experiência estética contemporânea.

A arte moderna é abstrata, tanto quanto abstrato é o novo, pois não contém nada de concreto, aponta para aquilo que não existe, não foi visto, é inefável, indizível. Essa abstração acaba sendo mais radical, profunda e, assim, verdadeira do que a abstração da razão esclarecida, científica, que toma seu caráter abstrato apenas como meio para um conhecimento positivamente colocado para fins de domínio das coisas e das pessoas.

O novo é algo contraditório, pois é desejado e, ao mesmo tempo, somente é o que promete se escapa àquilo que se pretende, àquilo que está na intenção de quem o almeja. Nessa medida, a arte acaba realizando o que os produtos para consumo apenas iludem. Nesse meio, a novidade é sempre algo fictício, diz respeito apenas a pequenas modificações que geram a aparência de que algo mudou, quando, na verdade, trata-se apenas de mais uma das inúmeras formas de obter status social.

O novo, na arte moderna, é essencialmente *negativo*, pois se estabelece como uma promessa de um estado de coisas e de uma forma de vida que ainda não existem. No meio capitalista, no entanto, a pressão das relações de troca, em que tudo pode ser substituído por tudo, não há espaço para uma experiência verdadeiramente singular, única, radicalmente nova. O caráter insólito, o inusitado da experiência estética contemporânea é, então, uma *utopia*. Aquilo que podemos experimentar com ela não diz respeito ao modo como podemos viver atualmente no mundo; a configuração da obra de arte moderna não nos diz como essa experiência do radicalmente novo poderia ser transplantada para a nossa vida cotidiana. Em outras palavras, ela não estabelece *positivamente* a utopia. Se ela quer manter a força de seu significado, deve abster-se de formar uma imagem do que seria uma experiência de mundo absolutamente livre, em que houvesse uma reconciliação entre espírito e matéria, cultura e natureza, intelecto e corpo, indivíduo e seu semelhante. Desse modo, uma das coisas que são perniciosas para a compreensão da arte moderna é a tentativa de extrair uma mensagem explícita, positiva, a partir das obras. O que a arte exprime diz respeito à singularidade de sua estruturação formal, e deve ser pensada a partir desta.

Expressão e construção; mímesis e racionalidade. A estética contemporânea possui diversos conceitos que são colocados muitas vezes em contraposição, tais como os de expressão e construção. Segundo Adorno, muitas obras, em função de seu aspecto construtivo, renunciam ao caráter expressivo, ao passo que em outras vezes ocorre o oposto. Nesse aspecto, diz ele, o mais prejudicial para a arte seria a tentativa de conciliar esses dois aspectos, encontrando um suposto meio-termo entre os dois. Paradoxalmente, todavia, Adorno afirma que a expressão só é alcançada com um processo de elaboração construtiva total, radicalmente realizado. A construção, numa obra de arte, diz respeito à sua lógica interna, que não é a dos conceitos, a lógica aristotélica, com premissas e conclusão. Trata-se, antes, de uma *racionalidade* intrínseca ao processo de unificação de todos os elementos da obra. Ao contrário da construção conceitual, a estética diz respeito à singularidade do artefato, de sua inteireza como algo único. Segundo

Adorno, a construção estética é semelhante, em seu princípio, ao processo de síntese que leva ao conhecimento conceitual. Entretanto, diferentemente deste último, aquela não tem como objetivo algo externo à própria relação entre o sujeito e o objeto, ou seja, entre o fruidor e a obra.

Assim, ao contrário de várias correntes da estética filosófica contemporânea, Adorno não diz que a obra de arte é puramente *irracional*, mas também não é racionalizável de acordo com os critérios da lógica científica, política, moral etc. A racionalidade estética é *sui generis*, pois não contém aquele caráter unívoco do conhecimento matemático, porém não é absolutamente disparatada, absurda. Sua coerência, sua identidade, não deve ser buscada a partir de um ponto externo à própria obra, pois ela surge a partir da própria experiência com a coisa.

O que caracteriza a obra de arte, em sua singularidade, que a diferencia do ato de subsumir, inserir, cada elemento particular em um conceito genérico, é a *concretude* da relação entre sujeito e objeto. A obra de arte parece desfazer aquele processo de afastamento, de separação, de abstração, entre o espírito e a natureza, entre o intelecto pensante e a corporeidade que sente, pois na experiência estética contemporânea a relação entre o contemplador e a obra exige uma postura não abstrata, e sim que este se abandone à tarefa de compreender a estrutura construtiva singular, única, da obra. Todo esse processo de particularização extrema do relacionamento entre sujeito e objeto é o que caracteriza a *expressão* na obra de arte.

Paradoxalmente, Adorno diz que uma obra de arte não exprime alguma coisa; ela não serve de veículo para comunicar uma mensagem. A expressão estética no pensamento adorniano é bastante peculiar. Ela significa a proximidade entre sujeito e objeto, de tal modo que aquele se sente como que fazendo parte deste, imerso nele. Por causa disso, podemos dizer que, de todos os sentidos, o olfato é o mais "expressivo" de todos, pois nele nunca se pode saber com certeza o que é apenas percepção e o que é o percebido, ao passo que na visão nós nos colocamos de modo distanciado do objeto, podemos abarcá-lo em toda sua inteireza. Se existisse uma forma de expressão *absoluta* na arte, isso significaria uma espécie de *fusão* entre sujeito e objeto, entre contemplador e obra. Mas, embora não haja tal integração plena entre esses dois pólos, o que cada obra oferece é a oportunidade de o sujeito se abandonar na necessidade cega de constituição da mesma, e isso vale tanto para o artista quanto para o contemplador. Não existe um *fio condutor* seguro para se entender a unidade estética. Por isso dizemos que toda a obra de arte é *enigmática*, e na modernidade isso se coloca de forma radical.

O caráter de enigma e a compreensão. Quando estamos visitando uma exposição de arte moderna, o que mais se ouve é as pessoas dizerem que não entenderam nada do que está sendo exposto. Pensa-se que nada daquilo faz sentido ou não possui valor estético, e normalmente ouvimos: "Eu também poderia ter feito isso". Essa reação tem algo a ver com o próprio conceito de arte moderna, pois ela é caracterizada precisamente pelo fato de se mostrar incompreensível, enigmática. Infelizmente, não é possível dizer para aquele que não possui sensibilidade estética o que seja arte moderna: ele não conseguiria integrar esta compreensão intelectual em sua vivência concreta. Quem coloca a pergunta "por que existe arte?" não se contentaria com nenhuma resposta. É preciso mais do que conhecimento sobre a arte — é indispensável a freqüentação assídua das obras.

Por outro lado, os partidários fervorosos da modernidade, que pensam compreendê-la por inteiro, segundo Adorno não estão percebendo-a verdadeiramente, pois a ela pertence uma dimensão de enigma *insuperável.* Este reside na diferença entre a incompreensão total do homem comum e aquilo que o conhecedor de arte consegue assimilar. Para compreender a arte, é preciso ser familiar a ela e manter sua estranheza, pois a compreensão não dissolve o enigma. Resolvê-lo equivaleria a fornecer o fundamento de sua insolubilidade. Para que isso ocorra, é necessária a experiência concreta com a obra, mas esta também não é suficiente, pois exige a reflexão teórica e, em última instância, filosófica. Quando se tem um acesso franco, íntimo, à obra, a busca por seu sentido se abre novamente e exige a reflexão. Quando nada escapa a esta última, não há arte propriamente dita.

Essa insuficiência do pensamento conceitual para compreender a arte nos diz que é necessário um processo *mimético* para entendê-la; segundo Adorno, é preciso imitá-la. Trata-se de uma espécie de ressonância, em nós, do que a obra tem de singular, único. Se a mímesis arcaica, presente na magia e nos mitos, significa um processo de imitação imagética, simbólica, da natureza e dos deuses, a mímesis da obra de arte, de forma bastante paradoxal, é sua *semelhança consigo mesma*, o que significa dizer que ela não tem sua identidade apreendida de forma abstrata, o que faz com que o sujeito precise conformar-se, na sua singularidade, ao movimento interno da obra de arte. Isso é o *contrário* do que ocorre na indústria cultural, que imita o sujeito, mostrando-lhe aquilo que ele já percebe em si mesmo, na sua vida cotidiana. Na arte moderna, o sujeito tem que imitar o que é substancialmente diferente daquilo que ele espera — o que é uma tarefa difícil e depende de um conjunto de forças subjetivas que normalmente não são colocadas em jogo na atitude passiva no cotidiano, e são virtualmente abandonadas na indústria cultural.

A rede de conceitos e preconceitos que usamos para entender a realidade nos desacostuma de admirar o que é diferente; a arte procura, desesperada e fugidiamente, reparar isso. Uma vez que o processo de racionalização procurou separar o sujeito do objeto, dando ao primeiro um arcabouço de conceitos, princípios, leis abstratas, que permitem dominar o outro, a arte procura relembrar ao sujeito a sua dimensão de natureza, corporal, desejante, através não de sua recaída na magia, na superstição ou na irracionalidade, mas sim da estruturação radical da obra. Se, na trajetória do esclarecimento, a razão reprimiu o comportamento mimético, na arte a racionalidade é a mediação necessária para a mímesis.

O caráter enigmático é percebido na própria estrutura da obra, que aponta para seu sentido mas ao mesmo tempo o oculta; por isso a filosofia da arte não deve tentar dissolver o enigma estético, mas decifrar a estrutura da obra que faz com que ela mantenha essa incompreensão, esse estranhamento. Uma das dificuldades dessa tarefa reside no fato de que, mesmo nas artes que usam conceitos, como a poesia e a literatura, *tudo* o que existe na obra sofreu uma *metamorfose* em relação àquilo que os elementos significam na nossa experiência cotidiana. O valor ético que podemos estabelecer para uma atitude desonesta na vida, por exemplo, não se mantém quando essa mesma atitude é tomada como *material* para compor uma obra de arte, o que significa dizer que a *unidade formal* da obra faz com que suas partes alcancem um *conteúdo sui generis*, estético, derivado de sua inserção nessa esfera.

Forma, material e conteúdo. Uma das dificuldades para se definir o que seja a forma estética é o fato de que ela parece congregar simplesmente tudo o que há de artístico na obra. É como se tudo aquilo que falássemos sobre a forma dissesse respeito à arte como um todo, pois mesmo quem define a arte através de uma mensagem a ser passada por ela não pode ignorar o fato de que o modo como ela o faz é substancialmente diferente do que não é artístico. Além disso, a muitas pessoas seria impossível definir forma sem vinculá-la ao conteúdo. Muitas vezes ambos são totalmente separados. Segundo Adorno, para se conceber a especificidade de um frente ao outro é preciso pensar sua interdependência. As definições tradicionais de forma geralmente estão associadas à idéia de relações simétricas, matemáticas, como determinadas proporções e relações espaço-temporais, ou à de elementos de ordem subjetiva, como aquilo que o sujeito imprime na obra de arte a partir de suas emoções, sentimentos, idéias e experiências de vários tipos. Tais elementos com certeza fazem parte do que poderíamos chamar de forma, mas Adorno nega que eles sejam tudo o que pode defini-la, pois numa pintura, por exemplo, a cor, a rugosidade das pinceladas e o brilho dos materiais também fazem parte da forma, na medida em que a relação entre eles contribui para a unidade formal. As intenções subjetivas, por outro lado, não podem ser pensadas como definidoras dessa unidade, pois elas são tanto partes desta última quanto aqueles outros elementos que citamos acima.

A *unidade formal* articulada da obra de arte é indispensável para se pensar a *especificidade* do fenômeno artístico, pois ela é aquilo que faz com que esta última alcance uma certa *coerência*, por mais dissonante e quebrada que seja, através da qual a obra bem realizada distingue-se das coisas na realidade cotidiana. Ela por si só, entretanto, não é garantidora da artisticidade da obra, pois nem a expressão, nem a harmonia, nem o conteúdo, nem qualquer outro momento isoladamente consegue circunscrever a totalidade do que seja a obra de arte. O problema em relação ao momento da forma é acrescido da dificuldade de que ela é *conditio sine qua non* para a compreensão mínima da existência da coisa enquanto obra de arte, e na maioria das vezes funciona como elemento usado na definição de todos os outros.

É verdade que a obra de arte se define pela totalidade do que se encontra sob o domínio da forma, mas essa unidade, totalmente articulada, ressoa uma identificação secreta (que escapa a qualquer determinação conceitual discursiva anterior à própria obra) com o que lhe é contrário, ou seja, a natureza como não-formada, como caos, como multiplicidade indeterminada. A síntese da obra estética tem que ser feita em relação a momentos incompatíveis, não-idênticos, que não se adaptam uns aos outros, ao contrário do que acontece nos objetos da realidade empírica. A identidade desses momentos díspares na arte não é estática, decidida de antemão ou de uma vez por todas, mas sim processual, porque até seu caráter unitário não é definitivo. Toda obra de arte digna do nome nunca nos dá uma experiência de sua totalidade definitivamente, pois aquilo que nos pode parecer como coerência total acaba sendo imerso no torvelinho de relações dissonantes entre os elementos. Isso caracteriza o que Adorno chama de uma *forma aberta*. Na relação entre o intelecto e o corpo, a forma liga-se ao primeiro, ao passo que tudo aquilo que sofre a síntese, todas as suas partes constitutivas, relacionam-se aos impulsos corporais, sensíveis, emocionais etc. Ao contrário do que ocorre na racionalidade científica e empresarial, o ímpeto formal do espírito não se separa totalmente daquilo que se lhe contrapõe, mantendo, em sua ânsia de unificação, a característica de alteridade, de diferença, que os elementos sensíveis possuem.

Como dissemos, arte é uma crítica radical do estado de coisas existente. Entretanto, a racionalização do mundo, correlativa à sua secularização chegou a tal ponto que qualquer procedimento que tente combatê-la sendo absolutamente diferente dela em seus métodos é simplesmente negado em virtude da globalização do processo, e conseqüentemente anulado em sua força de contestação. Esse procedimento é tido de antemão como irracional, pois não se conforma ao modelo de racionalidade dominante, e não consegue, deste modo, denunciar aquilo que se tornou o próprio mundo totalmente administrado: algo irracional. A força do poder crítico estético reside precisamente em que sua lógica, ou se se quiser, sua racionalidade, imita *radicalmente* o procedimento da razão instrumental, ou seja, estabelece um domínio *unitário* de elementos em princípio dispersos. Entretanto, precisamente devido ao fato de a manipulação dos materiais de que dispõe o artista ser *radical*, o domínio sintético da esfera estética é *qualitativamente* diferente do da razão instrumental, qualitativamente *infinito* em relação ao desta, pois ultrapassa as limitações impostas pela rede categorial do sujeito na realidade empírica, estabelecendo uma unidade que vai além dos critérios da lógica discursiva, conceitual.

Essa ultrapassagem indica que a forma da obra de arte é uma síntese que *não violenta* seus elementos constitutivos. Ao instrumentalizar a razão, o esclarecimento exerceu uma violência em relação aos homens e às próprias coisas que são objeto do conhecimento. A obra de arte procura, através de sua forma articulada radicalmente, fazer justiça àquilo que foi oprimido através da força da razão. Por causa disso, Adorno diz que a arte moderna é uma forma de conhecimento que, apesar de não ser assimilável conceitualmente, é *mais verdadeira* que o conhecimento discursivo, lógico, pois procura reparar o que foi imposto ao sujeito e ao objeto na ânsia de produzir valores cognitivos, tecnológicos e financeiros.

Mas o que seria aquilo que sofre a ação dessa síntese? Segundo Adorno, todos os elementos a serem usados para gerar esta unificação não-violenta da forma da obra de arte contêm já um peso histórico, não são algo natural, independente da história do desenvolvimento da linguagem artística. Trata-se do *material*, que na música, por exemplo, não é apenas o som das notas ou o timbre dos instrumentos, mas principalmente o modo de organização a partir do tom, as escalas, as relações harmônicas presentes nos acordes, princípios e padrões de composição etc; na pintura, não se trata apenas da cor e da linha, mas também do caráter figurativo ou abstrato das figuras, da integração ou não de elementos concretos da vida cotidiana, como colagens. Qualquer artista, ao compor uma obra, possui diante de si um leque de materiais artísticos já adotados em seu tempo, podendo empregar alguns que já foram abandonados ou avançar na pesquisa de outros que sejam novos, inusitados. Segundo Adorno, uma lei inexorável da arte moderna é a busca incessante por novos materiais. Mesmo que o artista não seja inventivo o suficiente para criar novos materiais, como o fizeram por exemplo Schönberg ao criar a música atonal e Picasso ao inventar o cubismo, ele deve se apropriar do estádio mais avançado nesse desenvolvimento.

Assim, o material é algo historicamente condicionado. Tudo o que entra na composição de uma obra passa pelo modo como a percepção histórica do artista está enformada pelo espírito de sua época. Usar figuras geométricas numa pintura, nos dias de hoje, não tem o mesmo estatuto que teve na pintura suprematista de Malevich, por exemplo. O construtivismo russo foi um movimento de *vanguarda*, próprio de uma sociedade que pretendia iniciar a construção de um novo mundo, e usou tal espírito revolucionário como ímpeto formador das obras. Por outro lado, seria impensável que um artista anterior ao século XX, como Rembrandt, por exemplo, usasse figuras geométricas em suas obras, pois o material de que dispunha era por demais diferente em relação ao da pintura moderna.

Podemos dizer que o *material* está entre a *forma* e o *conteúdo*, pois contém uma formação histórica prévia e aponta para o conteúdo social presente no fazer artístico. Dos três elementos, falta definir o último. Muito do que se pensa como conteúdo para uma obra de arte, na verdade, é seu material, como o tema de uma narrativa, a pessoa que está sendo representada numa pintura, a emoção que uma música parece evocar, o conflito ético exposto numa tragédia grega e por assim em diante. Esse seria uma espécie de conteúdo *pré-artístico*, que é mais bem qualificado como material, algo que é usado e que faz parte da constituição da obra, mas não é seu conteúdo. Este somente é alcançado através da forma da obra de arte. Nas palavras de Adorno, a forma é uma *mediação necessária* para o conteúdo estético, pois este somente surge a partir da relação totalmente estruturada, elaborada, dos materiais.

Tal conteúdo não é absolutamente inventado, novo, uma vez que necessariamente relaciona-se ao que é vivido pelos homens em sua dinâmica histórica. Tudo aquilo que é alcançado na obra de arte a partir de sua estruturação formal é um sedimento histórico da vivência coletiva. Isso explica a idéia de que a forma é conteúdo sedimentado. Nesse processo de decantação do conteúdo social na obra, este se modifica, alcança uma dimensão nova, não perceptível diretamente na realidade. Isso significa que a obra produz uma espécie de *refração* da experiência cotidiana, semelhante àquilo que ocorre quando a luz passa de um meio menos denso para outro mais denso, sofrendo um desvio — que pode ser, no caso da arte, tão grande que é preciso uma reflexão aprofundada para perceber o vínculo entre a dimensão artística e pré-artística e, o que é mais importante, qual o elemento de radicalidade presente na dimensão estética, impossível de ser percebido na realidade cotidiana.

Essa impossibilidade refere-se a um tema famoso na filosofia, apropriado de maneira bastante peculiar por Adorno. Segundo Kant, nada do que podemos conhecer diz respeito às coisas como elas são em si mesmas, pois tudo o que nós percebemos depende de nossas faculdades subjetivas, sejam elas a nossa sensibilidade, nossa imaginação, nosso entendimento ou nossa razão prática, de modo que todo vínculo que temos com o mundo somente nos dá fenômenos, relativos ao modo como ele aparece para nós. O nosso conhecimento, assim, não nos dá acesso às coisas em si mesmas. Segundo a leitura de Adorno, um dos motivos pelos quais as coisas não podem ser conhecidas por nós em si mesmas é aquela violência exercida nos objetos pela rede de conceitos instituídos socialmente, que produzem uma unificação abstrata deles. Uma vez que a síntese operada pela forma estética procura refazer e recuperar esse elemento reprimido, violentado pela razão, o conteúdo na arte aponta para o *em si* das coisas, aquilo que poderíamos experimentar nelas se nossa razão não as tomasse como meio para conseguirmos gerar valores para nossa autoconservação. É como se a forma da obra de arte, operando uma mediação entre nós e o mundo, acabasse nos fornecendo a possibilidade de vínculo imediato com ele, não obscurecido pela abstração conceitual, lógica. A experiência estética parece apontar para uma transcendência, uma ultrapassagem daquilo que nossos sentidos podem perceber e que nossa razão pode pensar.

Ora, essa transcendência é aquilo que é buscado na religião e em toda experiência mística de contato com o absoluto, com a totalidade das forças cósmicas, em uma palavra, com Deus. A diferença essencial entre a experiência religiosa e a estética reside no fato de que a primeira almeja fornecer um contato positivo, total, com a transcendência, ao passo que na segunda o transcendente mostra-se interrompido, negado em sua totalidade. Ao contrário de um símbolo mágico, religioso, uma obra de arte não tem a pretensão de invocar forças cósmicas absolutas. A experiência estética é uma espécie de *antecipação figurada insuficiente* do que seja o contato com o absoluto. Aliás, a arte nasceu precisamente da magia, pois, segundo a teoria sustentada por Adorno e bastante aceita hoje em dia, aqueles animais pintados nas cavernas de Lascaux, na França, por exemplo, eram percebidos como possuindo força mágica de invocação de poderes sobrenaturais. A pintura e a música só se tornaram arte quando se despojaram dessa pretensão religiosa, mas mantiveram este ímpeto de dar aos homens uma experiência que eles não podem ter nem do mundo, nem de si mesmos, mas somente através do processo de contato com um objeto cuja estrutura formal coloca-lhe um enigma insuperável, que o convida a uma reflexão sobre seu próprio sentido, que inicialmente parece não existir.

O absoluto, que surge de modo figurado e interrompido na arte, não pode ser condicionado, particular, pois então não seria absoluto. Mas aquilo que não é condicionado e particular só pode ser universal. E então caímos em um tema bastante difícil de ser tratado em relação à arte, que é o de se saber se a experiência estética é apenas particular ou se almeja a universalidade. Quando estamos de posse de conceitos e queremos transmitir uma idéia através deles, esta questão não é problemática, pois a universalidade que passa por conceitos é facilmente alcançável. Embora haja sempre espaço para discordâncias, nossa comunicação cotidiana através da linguagem verbal não nos coloca em dificuldades para chegarmos a um acordo em relação à identidade dos objetos, como a de uma mesa, um ônibus, uma árvore etc., pois a relação entre significado e significante não é difícil de ser estabelecida por um consenso sobre os usos que fazemos dos signos lingüísticos. Mas o que se dirá da relação que se tem com as obras de arte? São elas significantes lingüísticos? Em outras palavras, arte é linguagem?

O caráter de linguagem da arte. A primeira coisa que podemos falar com segurança, a partir de Adorno, é que a arte não se presta à comunicação de conteúdos preestabelecidos. Ela não comunica nada como arte. É claro que sempre podemos perceber idéias, conhecimentos, informações através das obras, mas isso não quer dizer em absoluto que a arte é definida enquanto tal pela veiculação desses dados. Se arte é linguagem, não é devido ao fato de que comunica conteúdos prévios, mas sim, inicialmente, porque ela *recusa* estabelecer esse processo de comunicação, o qual é pensado por Adorno como fazendo parte da racionalidade instrumental, que toma todas as coisas como meios para atingir um fim. Ora, se a arte recusa uma comunicação primeira com quem a contempla, isso significa que ela é *muda*, não diz nada para quem pretende extrair dela um conteúdo de forma imediata, direta, como se faz através da linguagem cotidiana. Expresso de modo conciso e paradoxal, a linguagem da arte só é alcançada com seu mutismo, com seu silêncio.

Essa recusa de comunicação pode bem ser equiparada ao caráter enigmático da arte, que vimos ser insolúvel. Mas se pretendemos perceber o caráter de linguagem da arte, é preciso conceber em que medida pode haver um vínculo intersubjetivo mediado pela experiência com a obra. Uma vez que esta se fecha à possibilidade de se inserir como meio para outro fim, ela deve possuir seu significado em si mesma — o que não quer dizer que a arte seja pura e exclusivamente auto-referente, como pensa a teoria da arte pela arte. Essa negação de se comunicar diretamente com o mundo estabelece a separação da arte em relação a este (o que é indispensável para se pensar o fenômeno estético, segundo Adorno), mas isso não quer dizer que a arte simplesmente se isola do mundo, e sim que ela o ultrapassa, transcende. A arte não é simplesmente diferente do mundo: é *mais* do que ele. Segundo Adorno, a arte somente é o que é por produzir esse Mais, que é o âmbito da transcendência gerada pelo seu caráter único, não inserido em um âmbito abstrato dos conceitos.

O caráter de linguagem da arte relaciona-se exatamente a essa dimensão transcendente da experiência, que liga de forma paradoxal o caráter extremamente singular desse contato e a universalidade do que transcende o condicionamento empírico da vida cotidiana. É como se o extremo da particularização da experiência tocasse extratos tão profundos dela que o sujeito acaba percebendo em si o que pode ser universal. Não fica difícil concluir que o que diz respeito à linguagem na arte é sua expressão, delimitada pelo conceito de mímesis, aquela relação concreta, singular, entre sujeito e objeto, que tende a fundi-los. Essa *linguagem mimética*, assim, não é a expressão de alguma coisa, como já dissemos, mas uma *expressão objetiva*, relacionada ao elemento de transcendência universal a que a arte aspira.

Algo que caracteriza muito bem a filosofia de Adorno é sua tentativa de pensar conjuntamente elementos antagônicos, díspares, aparentemente inconciliáveis. O movimento de sua filosofia parece tão forte que chega a causar certa vertigem. Essa impressão pode ser vista claramente na idéia de que a transcendência — que é indicada de modo interrompido, não-total, pela arte moderna, normalmente tomada na religião como intemporal, eterna — é compreendida de forma totalmente *histórica* por Adorno. Para ele, aquilo que transcende a história somente pode ser concebido a partir dela. Uma das tarefas mais importantes do pensamento filosófico, se não seu sentido mais profundo, é a de discernir (no sentido de extrair o cerne, o núcleo de) tudo o que foi oprimido pela dinâmica histórica de construção da cultura com todas as suas dimensões: política, econômica, religiosa, moral, técnica, profissional, científica etc. Por mais que o pensamento filosófico tente escavar este solo universal que nutre a experiência histórica, parece estar contaminado pelo caráter abstrato dos conceitos que ele necessariamente tem que empregar. A experiência estética, por constituir-se nessa relação mimética, não-conceitual, entre sujeito e objeto, tem uma importância filosófica inestimável, pois, exigindo uma reflexão teórica profunda acerca de seu sentido, proporciona-nos um acesso a essa verdade histórica que não conseguiríamos obter de outra forma. Por outro lado, entretanto, como a experiência estética não se ancora na universalidade abstrata dos conceitos, ela necessita da reflexão filosófica para poder alcançar todo o seu significado. Desse modo, arte e filosofia completam-se; cada uma tem o seu âmbito e seu meio próprio para se constituir, mas podem unir-se no objetivo de trazer à consciência aquilo que transcende nossa relação cotidiana, instrumentalizada, com o mundo. Essa transcendência perfaz aquilo que Adorno denomina a dimensão *espiritual* da obra.

O espírito na arte. As obras de arte não são apenas um mero *aparecer*, como se sua essência se esgotasse na materialidade daquilo que se mostra, mas sim a manifestação de um outro, como fenômenos que, em sua efemeridade fundamental, dão testemunho de um *além* da mera aparência. O espiritual nas obras é algo essencialmente não-factual, mas que as torna coisas e lhes dá a possibilidade de serem arte; é uma *mediação radical*, no sentido de que tudo o que há na totalidade da obra torna-se um outro, é transformado em relação à empiria, de onde provém *tudo* o que há na obra. Isso significa que todo elemento sensível somente tem seu lugar na obra por ser *mediado* pelo contexto de todos os elementos. O espírito surge precisamente a partir desse contexto — embora não se confunda com ele. As obras mais sensualistas somente alcançam a dignidade artística que têm porque todo elemento sensível se torna portador do espírito, um testemunho deste.

De forma semelhante ao que vimos em relação à expressão, o espírito é algo *objetivo* na obra de arte, não se identificando com a subjetividade do artista. Esta é apenas um elemento a mais na composição total da obra, tal como as cores, luzes e sons, enquanto o espírito é o conteúdo da obra, que decide sobre sua verdade.

A dimensão espiritual é algo essencialmente *sintático*, na medida em que todos os elementos que configuram a importância de uma obra somente o fazem devido ao elemento de sintaxe com todos os outros no contexto em que estão. Fora dessa rede sintática, eles nada representam. O espírito é algo estritamente ligado ao lugar em que ele aparece, tal como os rituais mágicos, que evocavam espacialmente os espíritos. Toda arte é espiritual, pois independente de sua inclinação, para mais ou para menos, em termos de sensualidade, toda arte invoca a espiritualidade como índice de seu caráter artístico.

A transcedência espiritualizada nas obras de arte não é uma qualidade de cada uma delas que pudesse ser dita simplesmente atual, localizável temporalmente. Trata-se, antes, de um *processo*, de um desenvolvimento no qual cada uma se encontra. Esse desenrolar da progressiva espiritualização coincide com a crescente *ruptura* perante a natureza, pois relaciona-se à introdução cada vez maior de elementos sensíveis desagradáveis, como pode ser visto nas obras cubistas de Picasso ou nas montagens dadaístas, que incorporam elementos feios, bizarros etc., como já vimos. O sensivelmente prazeroso é duplamente negado: a fachada externa se vê como manifestação de um espírito interior, e o repulsivo é incorporado pela obra. Quanto mais isso acontece, mais prepondera na arte aquilo que ela é em si mesma, sem consideração para com aquilo que o receptor gostaria que ela fosse, o que significa que ela se afasta cada vez mais do lugar para onde a indústria cultural se encaminha.

No início da arte moderna, a espiritualização foi acompanhada de uma espécie de regressão, de uma busca pela barbárie como um tipo de crítica perante o próprio espírito. Isso pode ser visto de uma maneira literal no movimento da pintura denominado fauvismo, em que as cores foram usadas de uma maneira tão crua e imediata que os críticos disseram que aqueles quadros eram feitos por bestas selvagens (*fauve*, em francês), e também no cubismo de Picasso, que demonstra uma afinidade com máscaras e artefatos produzidos pelas civilizações indígenas africanas. Esses traços de barbárie, de primitivismo na arte têm sempre sua dimensão histórica, na medida em que cada novo estrato artístico recusa o anterior, e procura, muitas vezes, a pobreza como índice da recusa da falsa riqueza, que é tanto mais mentirosa quanto mais ostenta a aparência de ausência de conflitos. O progresso da espiritualização não é algo linear; ele depende do modo como a arte consegue elaborar estratos culturais reprimidos pela dinâmica da civilização capitalista. Essa apropriação não deve ser entendida literalmente, como se a arte se tornasse efetivamente primitiva, tosca, rudimentar, mas, sim, como uma demonstração do vigor do espírito na arte, de sua resistência perante a opressão.

Conclusão

A indústria cultural e a arte, de acordo com as concepções que demos de cada uma, mostram-se como profundamente diferentes, podemos dizer até opostas uma à outra. Mas mesmo concordando com essa caracterização para algumas obras de arte — como as de Debussy, Stockhausen, Picasso, por um lado — e para algumas produções de cultura de massa — como as músicas de Madonna, Michael Jackson, Júlio Iglesias, por outro — muitas pessoas podem afirmar que existem várias obras que são cultura de massa mas possuem valor estético.

Podemos aceitar a idéia de que há obras que compartilhem alguns traços de obra de arte em sentido estrito, tal como o que é concebido por Adorno, mas que possuam também elementos da cultura narcisista da indústria cultural. Esse caráter intermediário de algumas obras, entretanto, não deve levar a que se conclua que os conceitos de arte e de cultura de massa em sentido estrito não tenham um valor. Da mesma maneira que não podemos estabelecer objetivamente de modo claro quando uma pessoa deixa de ser jovem e se torna adulta e também quando sai da maturidade para entrar na velhice, e mesmo assim não descartamos os conceitos de juventude, de maturidade e de velhice, também não devemos desconsiderar os conceitos de uma obra de arte radical, que aspira à autonomia na relação com seu contemplador, e de cultura de massa, que vive em função dos desejos e expectativas de quem a consome, integrando-se em um contexto de consumo.

Manter o conceito de uma obra de arte em sentido estrito, com sua exigência de autonomia frente às expectativas psicológicas e sociais, é radicalmente importante de um ponto de vista *filosófico*, pois somente aquelas obras que são *radicalmente* modernas, propondo um enigma insolúvel acerca de seu sentido — que é percebido, mas não totalmente abarcado pela racionalidade cotidiana —, não fazendo nenhuma espécie de concessão àquilo que gostaríamos que ela fosse, somente tais produtos colocam para nós uma oportunidade de elevação para além da constante pressão social. Esta última está *duplamente* afastada da verdade, pois *falsifica* nosso contato com o mundo e nos leva a constantemente querer *abdicar* da tarefa de encontrar uma chave de compreensão para pensar que o mundo possa ser diferente e melhor.

A arte, por sua vez, não se estabelece com a ilusão de mostrar como este mundo pode efetivamente existir e qual a sua estrutura, pois ela renunciou à pretensão do contato com o absoluto de forma positiva, tal como na religião. Seu valor é eminentemente crítico, apresentando de forma enigmática e cifrada a possibilidade de uma experiência que tenha um sentido em si mesma, sem se submeter às exigências de geração de valores. A indústria cultural, que se esmera em produzir formas de satisfação pretensamente totais, contendo signos da felicidade em seu todo, é radicalmente falsa, pois trabalha a partir da ilusão do preenchimento narcisista dos desejos, que são, eles mesmos, já manipulados pelos produtos que visam satisfazê-los. A arte, de forma radicalmente diferente, é *apenas uma promessa de felicidade*, que, na sinceridade com que se coloca perante essa meta inalcançável, produz um prazer bastante peculiar: a satisfação de sabermos que nossa vida não é apenas a do sofrimento injustificado, e tampouco a da bem-aventurança do contato com os deuses, mas sim a daquele ser capaz de se pensar e se definir a partir do projeto que pode formular para si próprio, mesmo sem saber qual é seu conteúdo.

Seleção de textos

O preço que os homens pagam pelo aumento de seu poder é a alienação daquilo sobre o que exercem o poder. O esclarecimento comporta-se com as coisas como o ditador se comporta com os homens. Este conhece-os na medida em que pode manipulá-los. O homem de ciência conhece as coisas na medida em que pode fazê-las. É assim que seu *em-si torna para-ele.* Nessa metamorfose, a essência das coisas revela-se como sempre a mesma, como substrato da dominação. Essa identidade constitui a unidade da natureza. Assim como a unidade do sujeito, ela tampouco constitui um pressuposto da conjuração mágica. Os ritos do xamã dirigiam-se ao vento, à chuva, à serpente lá fora ou ao demônio dentro do doente, não a matérias ou exemplares. Não era um e o mesmo espírito que se dedicava à magia; ele mudava igual às máscaras do culto, que deviam se assemelhar aos múltiplos espíritos. A magia é a pura e simples inverdade, mas nela a dominação ainda não é negada, ao se colocar, transformada na pura verdade, como a base do mundo que a ela sucumbiu. O feiticeiro torna-se semelhante aos demônios; para sustentá-los ou suavizá-los, ele assume um ar assustadiço ou suave. Embora seu ofício seja a repetição, diferentemente do civilizado —

para quem os modestos campos de caça se transformam no cosmo unificado, no conjunto de todas as possibilidades de presas — ele ainda não se declarou à imagem e semelhança do poder invisível. É só enquanto tal imagem e semelhança que o homem alcança a identidade do eu que não pode se perder na identificação com o outro, mas toma definitivamente posse de si como máscara impenetrável. É à identidade do espírito e a seu correlato, a unidade da natureza, que sucumbem as múltiplas qualidades. A natureza desqualificada torna-se a matéria caótica para uma simples classificação e o eu todo-poderoso torna-se o mero ter, a identidade abstrata.

Dialética do esclarecimento,
"O conceito de esclarecimento"

O mundo inteiro é forçado a passar pelo filtro da indústria cultural. A velha experiência do espectador de cinema, que percebe a rua como um prolongamento do filme que acabou de ver, porque este pretende ele próprio reproduzir rigorosamente o mundo da percepção cotidiana, tornou-se a norma da produção. Quanto maior a perfeição com que suas técnicas duplicam os objetos empíricos, mais fácil se torna hoje obter a ilusão de que o mundo exterior é o prolongamento sem ruptura do mundo que se descobre no filme. Desde a súbita introdução do filme sonoro, a reprodução mecânica pôs-se ao inteiro serviço deste projeto. A vida não deve mais, tendencialmente, deixar-se distinguir do filme sonoro. Ultrapassando de longe o teatro de ilusões, o filme não deixa mais à fantasia e ao pensamento dos espectadores nenhuma dimensão na qual estes possam, sem perder o fio, passear e divagar no quadro da obra fílmica, permanecendo, no entanto, livres do controle de seus dados exatos, e é assim precisamente que o filme adestra o espectador entregue a ele para se identificar imediatamente com a realidade. Atualmente, a atrofia da imaginação e da espontaneidade do consumidor cultural não precisa ser reduzida a mecanismos psicológicos. Os próprios produtos — e entre eles em primeiro lugar o mais característico, o filme sonoro — paralisam essas capacidades em virtude de sua própria constituição objetiva. São feitos de tal forma que sua apreensão adequada exige, é verdade, presteza, dom de observação, conhecimentos específicos, mas também de tal sorte que proíbem a atividade intelectual do espectador, se ele não quiser perder os fatos que desfilam velozmente diante de seus olhos.

Dialética do esclarecimento,
"A indústria cultural: o esclarecimento
como mistificação das massas".

A admissão de uma tendência histórica dos meios musicais contradiz a concepção tradicional do material da música. Este se define fisicamente, em todo caso, segundo critérios de psicologia musical, como conceito essencial de todas as sonoridades de que dispõe o compositor. Mas o material de composição difere destas do mesmo modo que a linguagem falada difere dos sons de que dispõe. Esse material é reduzido ou ampliado no curso da história e todos os seus rasgos característicos são resultados do processo histórico. Carregam em si a necessidade histórica com tão maior plenitude quanto menos podem ser decifrados como resultantes históricos imediatos. No momento em que já não se pode reconhecer a expressão histórica de um acorde, este exige obrigatoriamente que tudo o que circunda leve em conta a carga histórica implicada e que se converteu numa qualidade sua. O sentido dos meios musicais não se manifesta em sua gênese. Entretanto, não é possível separá-lo desta. A música não conhece um direito natural e por isso toda psicologia da música é tão discutível. Na tentativa de reduzir a música de qualquer época a uma "compreensão" invariável, supõe-se a constância do sujeito musical. Mas esta está ligada à constância do material natural bem mais estreitamente do que possa pretender a diferenciação psicológica. O que ela descreve gratuita e insuficientemente se busca reconhecendo as leis de movimento do material. Segundo estas, nem tudo é possível em todos tempos. Naturalmente não se deve atribuir ao material sonoro em si, e nem sequer àquele filtrado através do sistema temperado, um direito ontológico próprio, como ocorre, por exemplo, na argumentação do que pretende deduzir, fora das relações dos sons harmônicos, fora da psicologia do ouvido, que o acorde perfeito é a condição necessária e universalmente válida de toda a concepção musical possível e que, portanto, a música deve ater-se a ele. Esta argumentação, feita até por Hindemith, não é outra coisa senão uma superestrutura útil para tendências de composição reacionárias. Para invalidá-la basta observar que um ouvido desenvolvido está em condições de apreender as mais complicadas relações de sons harmônicos com tanta precisão quanto as mais simples, sem experimentar por isso uma necessidade de "resolução" das supostas dissonâncias, mas antes se rebela espontaneamente contra essas resoluções, que percebe como uma recaída em modos bem mais primitivos, exatamente como ocorria na época do contraponto em que as sucessões de quintas estavam proibidas por serem consideradas uma espécie de regressão ao arcaico. As exigências impostas ao sujeito pelo material provêm antes do fato de que o próprio "material" é espírito sedimentado, algo socialmente pré-formado pela consciência do homem.

Filosofia da nova música

Na relação com a realidade empírica, a arte sublima o princípio, ali atuante do *sese conservare*, em ideal do ser-para-si dos seus testemunhos; segundo as palavras de Schönberg, pinta-se um quadro, e não o que ele representa. Toda a obra de arte aspira por si mesma à identidade consigo, que, na realidade empírica, se impõe à força a todos os objetos enquanto identidade com o sujeito e, deste modo, se perde. A identidade estética deve defender o não-idêntico, que a compulsão à identidade oprime na realidade. Só em virtude da separação da realidade empírica, que permite à arte modelar, segundo as suas necessidades, a relação do todo às partes é que a obra de arte se torna ser à segunda potência. As obras de arte são cópias do vivente empírico, na medida em que a este fornecem o que lhes é recusado no exterior e assim libertam daquilo para que as orienta a experiência externa coisificante. Enquanto a linha de demarcação entre a arte e a empiria não deve ser ofuscada de nenhum modo, nem sequer pela heroificação do artista, as obras de arte possuem, no entanto, uma vida *sui generis*, que não se reduz simplesmente ao seu destino exterior. As obras importantes fazem surgir constantemente novos extratos, envelhecem, esfriam, morrem. Afirmar que enquanto artefatos, produtos humanos, elas não vivem diretamente como homens, é uma tautologia. Mas o acento posto sobre o momento do artefato na arte concerne menos ao seu ser-produzido do que à sua própria natureza, indiferentemente da maneira como ela se faz. As obras são vivas enquanto falam de uma maneira que é recusada aos objetos naturais e aos sujeitos que as produzem. Falam em virtude da comunicação nelas de todo o particular. Entram assim em contraste com a dispersão do simples ente. Mas precisamente enquanto artefatos, produtos do trabalho social, comunicam igualmente com a empiria, que renegam, e da qual tiram o seu conteúdo. A arte nega as determinações categorialmente impressas na empiria que, no entanto, encerra na sua própria substância um ente empírico. Embora se oponha à empiria através do momento da forma — e a mediação da forma e do conteúdo não deve conceber-se sem a sua distinção — importa, porém, em certa medida e geralmente, buscar a mediação no fato de a forma estética ser conteúdo sedimentado.

...

A relação ao novo tem o seu modelo na criança que busca no piano um acorde jamais ouvido, ainda virgem. Mas o acorde existia já desde sempre, as possibilidades de combinação são limitadas; na verdade, já tudo se encontra no teclado. O novo é a nostalgia do novo, a custo ele próprio; disso enferma tudo o que é novo. O que se experimenta como utopia permanece algo de negativo contra o que existe, embora lhe continue a pertencer. Central nas antinomias atuais é o fato de que a arte deve e pretende ser utopia, e tanto mais decididamente quanto a relação real das funções impede a utopia; e que ela, porém, para não atrair a utopia pela aparência e pela consolação, não tem o direito de ser utopia. Se a utopia da arte se realizasse, seria o seu fim temporal. Hegel foi o primeiro a reconhecer que isto se encontrava implicado no seu conceito. Que a sua profecia não se tenha realizado tem a sua razão paradoxal no seu otimismo histórico. Ele traiu a utopia ao construir o existente como se fosse a utopia, a idéia absoluta. Em oposição à doutrina de Hegel, segundo a qual o espírito universal ultrapassaria a forma da arte, afirma-se a sua outra tese que ordena a arte na existência contraditória, a qual persiste contra toda a filosofia afirmativa. Isto é conclusivo na arquitetura: se ela quisesse, por desgosto nas formas funcionais e na sua total adaptabilidade, entregar-se à fantasia desenfreada, cairia imediatamente no *kitsch*. A arte, tal como a teoria, não está em condições de realizar a utopia; nem sequer negativamente. O novo enquanto criptograma é a imagem da decadência; só através da sua negatividade absoluta é que a arte exprime o inexprimível, a utopia. Nessa imagem reúnem-se todos os estigmas do repelente e do repugnante na arte moderna. Pela recusa intransigente da aparência de reconciliação, a arte mantém a utopia no seio do irreconciliado, consciência autêntica de uma época, em que a possibilidade real da utopia — o fato de a terra, segundo o estado das forças produtivas, poder ser aqui e agora o paraíso — se conjuga num ponto extremo com a possibilidade da catástrofe total. Na imagem da utopia — não cópia, mas cifra do seu potencial — aparece o traço mágico da mais remota pré-história da arte sob o sortilégio integral; como se ela, através da sua imagem, quisesse conjurar a catástrofe. O tabu acerca do télos histórico é a única legitimação daquilo por que o novo se compromete no plano político e prático, do seu aparecimento como um fim em si.

...

A arte é refúgio do comportamento mimético. Nela, o sujeito expõe-se, em graus mutáveis da sua autonomia, ao seu outro, dele separado e, no entanto, não inteiramente separado. A sua recusa das práticas mágicas, dos seus antepassados, implica participação na racionalidade. Que ela, algo de mimético, seja possível no seio da racionalidade e se sirva dos seus meios, é uma reação à má irracionalidade do mundo racional enquanto administrado. Pois o objetivo de toda a racionalidade, da totalidade dos meios que dominam a natureza, seria o que já não é meio, por conseguinte, algo de não-racional. Precisamente, esta irracionalidade oculta e nega a sociedade capitalista e, em contrapartida, a arte representa a verdade numa dupla acepção: conserva a imagem do seu objetivo obstruída pela racionalidade e convence o estado de coisas existente da sua irracionalidade, da sua absurdidade. O abandono da ilusão de uma apreensão imediata do espírito, que regressa insaciavelmente e de modo intermitente na história da humanidade, transforma-se em interdito de a memória se voltar imediatamente, através da arte, para a natureza. A separação só pode ser anulada pela separação. Isso fortifica na arte o momento racional e exorciza-o ao mesmo tempo, porque ele se contrapõe à dominação real; sem dúvida, enquanto ideologia, alia-se sempre de novo a ela. Falar de magia da arte é palavreado, por que a arte é alérgica à recaída na magia. A arte constitui um momento no processo do assim chamado por Max Weber desencantamento do mundo, implicado na racionalização; todos os seus meios e métodos de produção dela procedem; a técnica, que declara herética a sua ideologia, tanto lhe é inerente como a ameaça, porque a sua herança mágica se manteve tenazmente em todas as suas transformações. Só que ela mobiliza a técnica numa direção muito mais oposta do que o faz a dominação. A sentimentalidade e a fragilidade de quase toda a tradição do pensamento estético devem-se a que ele silenciou a dialética de racionalidade e mímesis, imanente à arte. Isso se prolonga no espanto perante a obra de arte e técnica como se ela tivesse caído do céu: as duas noções são intrinsecamente complementares. No entanto, o palavreado sobre a magia da arte evoca algo de verdadeiro. A sobrevivência da mímesis, a afinidade não-conceitual do produto subjetivo com o seu outro, com o não-estabelecido, define a arte como uma forma de conhecimento e, sob este aspecto, como também "racional".

...

A substância da expressão é o caráter lingüístico da arte, fundamentalmente diverso da linguagem como seu *medium*. Gostar-se-ia de especular sobre a compatibilidade daquele com esta; o esforço da prosa, depois de Joyce, para pôr fora de ação a linguagem discursiva ou, pelo menos, a subordinar às categorias formais até a incognoscibilidade da construção, encontraria assim alguma explicação: a arte nova esforça-se pela transformação da linguagem comunicativa numa linguagem mimética. Em virtude do seu caráter ambíguo, a linguagem é o constituinte da arte e o seu inimigo mortal. Os vasos etruscos da Villa Giulia são eloqüentes no mais elevado grau e incomensuráveis com toda a linguagem comunicativa. A verdadeira linguagem da arte é sem palavras, o seu momento averbal tem a prioridade sobre o momento significativo do poema, momento que não se encontra totalmente ausente da música. O que nos vasos se assemelha à linguagem depende antes de um "Eu estou aí" ou "Eu sou isso", de uma ipseidade, que o pensamento identificador era incapaz de extrair da interdependência do ente. Assim, um rinoceronte, animal mudo, parece dizer: sou um rinoceronte. Os versos de Rilke — "Pois não há lugar/que não te veja" —, que Benjamin tanto apreciava, codificaram de um modo dificilmente superado a linguagem não significativa das obras de arte: a expressão é o olhar das obras de arte. A sua linguagem, na relação com a linguagem significativa, é algo de mais antigo, mas não recuperado: como se as obras de arte, ao modelarem em si pelo seu ser estruturado sobre o sujeito, repetissem o modo de seu nascimento e da sua libertação. ... Só o sujeito vale como instrumento da expressão, embora também ele, que se julga imediato, seja algo de mediatizado. Mesmo quando o expresso se assemelha ao sujeito, quando as emoções são subjetivas, são ao mesmo tempo impessoais, inserem-se na integração do eu e não imergem nela. A expressão das obras de arte é o não-subjetivo no sujeito, menos sua expressão do que sua impressão; e nada tão expressivo como os olhos dos animais — dos antropóides — que objetivamente parecem entristecer-se por não serem homens. As emoções, ao transporem-se para as obras que, em virtude da sua integração, as fazem suas emoções próprias, permanecem no *continuum* estético como representantes da natureza extra-estéticas deixando, porém, de figurar concretamente como suas cópias.

...

O conceito de forma revela-se muitas vezes limitado porque, tal como isso acontece, desloca a forma para outra dimensão sem tomar a outra em consideração, por exemplo, na música, a sucessão temporal, como se a simultaneidade e a polifonia contribuíssem menos para a forma, ou na pintura, em que a forma é atribuída às proporções de espaço e de superfície, à custa da função formadora da cor. Em oposição a tudo isso, a forma estética é a organização objetiva de tudo o que, no interior de uma obra de arte, aparece como linguagem coerente. É a síntese não-violenta do disperso que ela, no entanto, conserva como aquilo que é, na sua divergência e nas suas contradições, e eis porque ela é efetivamente um desdobramento da verdade. Unidade estabelecida, suspende-se sempre a si mesma, enquanto posta; é-lhe essencial interromper-se através do seu outro, não se harmonizar com a sua consonância. Na sua relação com seu outro, cuja estranheza atenua e, no entanto, mantém, ela é o elemento antibárbaro da arte; através da forma, a arte participa na civilização, que ela critica mediante a sua existência. Lei da transfiguração do ente, representa perante ele a liberdade. Ela seculariza o modelo teológico da imagem à semelhança de Deus, não criação mas comportamento objetivado dos homens, que imita a criação; não se trata certamente de criação a partir do nada, mas do criado. O giro metafórico impõe-se segundo o qual a forma seria nas obras de arte tudo aquilo em que a mão deixa seu vestígio, em que ela intervém. É o selo do trabalho social, fundamentalmente diferente do processo de configuração empírica. ... A forma contradiz a concepção da obra como algo de imediato. Se ela é nas obras de arte aquilo mediante o qual se tornam obras de arte, equivale então à sua mediatidade, à sua objetiva reflexão em si. A forma é mediação enquanto relação das partes entre si e com o todo e enquanto plena elaboração dos pormenores. A ingenuidade enaltecida das obras de arte revela-se sob este aspecto como o elemento hostil à arte. O que, em rigor, nelas aparece como evidente e ingênuo, a sua constituição como algo que se apresenta em si coerente, por assim dizer, sem falha e, portanto, imediatamente, é devido à sua mediação em si. Só assim elas se tornam significantes e os seus elementos se transformam em signos. Nas obras de arte, tudo o que se assemelha à linguagem se condensa na forma, convertendo-se deste modo em antítese da forma, em impulsos miméticos. A forma procura fazer falar o pormenor através do todo. Tal é, porém, a melancolia da forma, sobretudo nos artistas em que predomina. Ela limita sempre o que é formado; de outro modo, o seu conceito perderia a sua diferença específica relativamente ao formado.

Teoria estética

Referências e fontes

As edições usadas na seção "Seleção de textos" foram as seguintes:

- Theodor Adorno e Max Horkheimer, *Dialética do esclarecimento: fragmentos filosóficos*, trad. Guido Antonio de Almeida. Rio de Janeiro, Jorge Zahar, 1997.
- Theodor Adorno, *Filosofia da nova música*, trad. Magda França. São Paulo, Perspectiva, 1974.
- Theodor Adorno, *Teoria estética*, trad. Artur Morão. São Paulo, Martins Fontes, 1990.

Leituras recomendadas

Do livro de Adorno e Horkheimer, *Dialética do esclarecimento: fragmentos filosóficos* (ver "Referências e fontes"), cujo texto em português é muito bem escrito, com um estilo fluente, recomendo principalmente o primeiro capítulo "O conceito de esclarecimento" e o "A indústria cultural: o esclarecimento como mistificação das massas".

Em relação aos textos que tratam propriamente da arte moderna, temos o livro de Adorno mais famoso sobre arte musical, *Filosofia da nova música* (ver "Referências e fontes"), cuja versão em português não chega a ser primorosa, mas também não contém grandes imprecisões.

Sobre a literatura, temos em português uma edição parcial das *Notas de literatura* (trad. Celeste Aída Galeão e Idalina Azevedo da Silva. Rio de Janeiro: Tempo Brasileiro, 1973), cuja tradução é boa, não contendo imprecisões que prejudiquem a compreensão do texto original.

Mas, de todos os textos, o que é ao mesmo tempo o mais difícil, mas também o mais abrangente, é a *Teoria estética* (ver "Referências e fontes"). Essa versão em português é problemática em vários aspectos, devido a falhas na tradução de várias passagens, ausência de algumas frases do texto original e também devido ao fato de que as edições mais recentes ficaram incompletas, pois não possuem cerca de um terço das primeiras, que continham, além do texto principal, fragmentos denominados *Paralipomenos*, um excurso sobre teorias da origem da arte e um texto planejado como introdução para o livro, todos presentes na edição original. Apesar disso, vale a pena ler essa tradução, pois, em seu conjunto, permite uma boa idéia do pensamento de Adorno.

Como literatura de apoio, recomendo o livro de Marc Jimenez, *Para ler Adorno* (Rio de Janeiro, Francisco Alves, 1977), que, apesar do título em português não indicar, fornece uma boa introdução aos conceitos principais da *Teoria estética*.

Recomendo ainda, os livros de Rodrigo Duarte: *Mímesis e racionalidade* (São Paulo, Loyola, 1995), que fornece uma visão geral do pensamento de Adorno e de conceitos importantes da *Teoria estética*; *Adornos: nove ensaios sobre o filósofo frankfurtiano* (Belo Horizonte, UFMG, 1997), que trata de diversos aspectos referentes à filosofia em geral e à estética adorniana; e *Adorno/Horkheimer & a Dialética do esclarecimento* (Rio de Janeiro, Jorge Zahar, 2002), desta mesma coleção Passo-a-Passo, e que dá uma visão geral condensada dos conceitos presentes na obra conjunta desses dois filósofos da Escola de Frankfurt.

Apesar de conter apenas um capítulo sobre Adorno, recomendo também o livro de Terry Eagleton, *A ideologia da estética* (Rio de Janeiro, Jorge Zahar, 1993), que apresenta a estética adorniana de modo bastante condensado, mas também profundo.

Sobre o autor

Verlaine Freitas, nascido em Belo Horizonte, Minas Gerais, cursou bacharelado de filosofia na Universidade Federal de Minas Gerais (UFMG), onde obteve também seu título de mestre em filosofia, em 1996, e o de doutor em filosofia, em 2001. É professor adjunto do Departamento de Filosofia da Universidade Federal de Minas Gerais, onde leciona principalmente disciplinas vinculadas a estética e psicanálise. É autor de vários artigos referentes a Adorno e à filosofia em geral, além de traduções de textos de autores alemães.

Coleção **PASSO-A-PASSO**

Volumes recentes:

CIÊNCIAS SOCIAIS PASSO-A-PASSO

O negócio do social [40], Joana Angélica Barbosa Garcia

Origens da linguagem [41], Bruna Franchetto e Yonne Leite

Antropologia da criança [57], Clarice Cohn

Patrimônio histórico e cultural [66], Pedro Paulo Funari e Sandra de Cássia Araújo Pelegrini

Antropologia e imagem [68], Andréa Barbosa e Edgar T. da Cunha

Antropologia da política [79], Karina Kuschnir

Sociabilidade urbana [80], Heitor Frúgoli Jr.

Pesquisando em arquivos [82], Celso Castro

Cinema, televisão e história [86], Mônica Almeida Kornis

FILOSOFIA PASSO-A-PASSO

Estética [63], Kathrin H. Rosenfield

Filosofia da natureza [67], Márcia Gonçalves

Hume [69], Leonardo S. Porto

Hannah Arendt [73], Adriano Correia

Schelling [74], Leonardo Alves Vieira

Niilismo [77], Rossano Pecoraro

Kierkegaard [78], Jorge Miranda de Almeida e Alvaro L.M. Valls

Filosofia da biologia [81], Karla Chediak

Ontologia [83], Susana de Castro

John Stuart Mill & a liberdade [84], Mauro Cardoso Simões

Filosofia da história [88], Rossano Pecoraro

Teoria do conhecimento [91], Alberto Oliva

PSICANÁLISE PASSO-A-PASSO

Psicanálise com crianças [75], Teresinha Costa

Feminino/masculino [76], Maria Cristina Poli

Cinema, imagem e psicanálise [85], Tania Rivera

Trauma [87], Ana Maria Rudge

Édipo [89], Teresinha Costa

A psicose [90], Andréa M.C. Guerra

A angústia [92], Sonia Leite

Educação e psicanálise [93], Rinaldo Voltolini

Os outros em Lacan [94], Antonio Quinet

A paixão [95], Marcus André Vieira

Histeria: o caso Dora [96], Nadiá Paulo Ferreira e Marcus Alexandre Motta